LA
RICHESSE PUBLIQUE

DANS LES

DÉPARTEMENTS DE L'OUEST

PAR

Le Cᵗᵉ DE LANDEMONT

PARIS

IMPRIMERIE DE L'ŒUVRE DE SAINT-PAUL

51, RUE DE LILLE, 51

1883

LA

RICHESSE PUBLIQUE

LA
RICHESSE PUBLIQUE

DANS LES

DÉPARTEMENTS DE L'OUEST

PAR

Le Cte DE LANDEMONT

PARIS

IMPRIMERIE DE L'ŒUVRE DE SAINT-PAUL

51, RUE DE LILLE, 51

1883

AVANT LES ÉLECTIONS

« Les futurs excédants du budget
seront appliqués au dégrèvement de
l'impôt foncier............................ . »

(Loi de finances, année 1882.)

APRÈS LES ÉLECTIONS

« Si je vous disais que l'impôt foncier sera dégrevé, je serais un charlatan, et je tiens trop à votre estime
pour vous promettre l'impossible [1]. »

*(Discours de M. de Mahy, ministre
de l'agriculture, au banquet du comice
agricole de Sainte-Menehould.)*

Qui de nous n'a remarqué cent fois des con-
tradictions aussi flagrantes?

On a beaucoup parlé du « dégrèvement de
l'impôt foncier », c'était le mot à la mode. On
n'a rien dégrevé; de quelque côté que l'on se
tourne, on ne voit que centimes additionnels,
que taxes supplémentaires, en attendant peut-
être de nouveaux impôts de guerre. — Pour

---

[1] *L'agriculture et la fiscalité républicaine*, H. ASTIER.

l'agriculture, *le Revenu net imposable* de la propriété rurale non bâtie, est évalué à deux milliards six cent quarante-cinq millions et demi [1], et cette propriété paye 24,83 pour cent de charges contributives [2].

Qu'a-t-on fait pour changer cet ordre de choses ?

Le ministère avait promis beaucoup, il n'a rien pu tenir, et pourtant, lors de la conversion du 5 o/o, il avait une occasion excellente.

N'y a-t-il pas une disproportion par trop grande entre l'agriculteur qui paye environ 25 pour cent, et le détenteur de valeurs mobilières qui n'est taxé qu'à 4 pour cent ?

Il est vrai que naguère la question de Tunisie et aujourd'hui celle du Tonkin sont chose fort attrayante; il est encore vrai que le gouvernement regarde au loin sans paraître se soucier de ce qui se passe autour de lui.

Hier, M. Laisant parlait de « pots-de-vin ». Pourquoi pas ? La France est devenue une proie destinée à rassasier chacun selon ses appétits.

Il demeure avéré que le « dégrèvement de l'impôt foncier » est un *moyen de pression* destiné à revenir d'une façon régulière, à chaque nouvelle période électorale, quitte ensuite à dire comme l'a fait M. de Mahy, ministre de l'agriculture, au comice de Sainte-Menehould : « Si je

---

[1] Enquête ordonnée par la loi du 9 août 1879.
[2] Journal *le Pays,* 26 juillet 1883.

vous disais que l'impôt foncier sera dégrevé, je serais un charlatan, et je tiens trop à votre estime pour vous promettre l'impossible [1]. »

Nous sommes prévenus que les engagements ne sont valables que s'ils sont sur papier timbré, et encore.........

Jamais l'on ne s'est moqué du contribuable avec une semblable désinvolture ; d'ici peu une loi sur l'administration des caisses d'épargne empêchera sans doute de retirer les fonds sans l'autorisation préalable du gouvernement.

Voilà à quel expédient on en est réduit, et puisque nous employons ce terme, est-il un expédient pire que de gouverner en revenant sans cesse sur ses promesses ?

Si l'on voulait écouter les journaux du pouvoir, « les mauvaises récoltes seraient seules la cause de la crise actuelle » ; jamais, dit-on, le gouvernement ne s'est occupé avec plus de sollicitude des intérêts du pays, jamais on n'a autant travaillé pour le bien-être du producteur. Cette sollicitude est, paraît-il, une vertu essentiellement républicaine, inventée à la fin du siècle dernier et amenée au perfectionnement le plus complet par les bons soins de MM. Tirard, de Mahy, Méline et Cⁱᵉ.

En face d'une impudence aussi complète, n'est-

---

[1] *L'agriculture et la fiscalité républicaine*, H. ASTIER.

ce pas un devoir de rechercher dans les Annales du pays ce qu'ont fait les autres gouvernements, afin de porter à la connaissance de tous la façon dont les choses se passaient à une autre époque ?

AGRICULTURE

> « Un pays qui envoie toujours moins de marchandises ou de denrées qu'il n'en reçoit, se met lui-même en équilibre en s'appauvrissant ; il recevra toujours moins, jusqu'à ce que dans une pauvreté extrême il ne reçoive plus rien........... » MONTESQUIEU.
>
> (*Esprit des lois*, chap. XX.)

AGRICULTURE

Ce fut le roi Louis XIV qui le premier prescrivit aux intendants de province de faire une enquête sur l'agriculture.

A cette époque le cadastre n'existait pas, l'impôt variait suivant les pays, les cartes étaient peu exactes et le recensement de la population était fait de telle façon qu'il était à peu près impossible d'établir sur des bases sérieuses un calcul dont tout le monde comprenait l'utilité.

Les ordres du roi restèrent donc lettre-morte, et si l'on trouve trace d'un travail de ce genre, c'est à Vauban que l'agriculture en est redevable.

En 1789, l'Anglais Arthur Young tenta de se rendre un compte exact de la situation française. Ses efforts n'eurent qu'un maigre résultat.

L'Assemblée de 1789 s'occupa peu de ces questions si importantes [1].

Le rapport de Lavoisier à l'Assemblée nationale nous apprend qu'il existait en France environ 900,000 charrues, et de cette donnée ce rapport concluait à des chiffres purement hypothétiques.

Napoléon Ier en 1810 ne fut guère plus heureux (extrait du Rapport au roi le 30 mai 1840, signé : Gouin); bien que menaçant de « destitution immédiate » les fonctionnaires peu actifs qui ne répondraient pas rigoureusement à ses questions, il dut se contenter d'indications très vagues.

Les Bourbons aimaient trop tout ce qui pou-

---

[1] Députés aux États-généraux de 1789. — Sénéchaussée de Nantes.

Clergé : Moyon, recteur de Saint-André-des-Eaux, démissionnaire, est remplacé par M. Binot; — Chevalier, recteur de Sainte-Lumine de Courtais, démissionnaire, est remplacé par Latyl; — Maisonneuve, recteur de Saint-Étienne de Montluc, démissionnaire, est remplacé par Méchin.

Suppléants : Binot, principal du collège d'Ancenis; — Le Breton de Gobert, recteur de Saint-Similien de Nantes; — Méchin, curé de Bains; — le Père Étienne, gardien des Cordeliers de Nantes; — Latyl.

Tiers-État : Guinebaud de Saint-Mesmes, négociant à Nantes; — Giraud-Duplessis, avocat du roi à Nantes, syndic de la communauté de la ville; — Baco de La Chapelle, procureur du roi à Nantes; — Pellerin, avocat à Nantes, démissionnaire, est remplacé par Maupassant; — Chaillon, avocat à Montoir; — Jarry, agriculteur; — Cottin, propriétaire annobli; — Blin, docteur-médecin à Nantes.

Suppléants : Varsavaux de Heulée, notaire à Nantes; — Pussin, général de la Monnaie de Nantes; — Maupassant.

vait faire la France prospère, pour ne pas tenter, dès le commencement de la Restauration, de combler une lacune aussi regrettable. Mal secondés souvent et ayant d'ailleurs à lutter contre la Révolution et les sociétés secrètes, ils ne purent faire tout le bien qu'ils auraient désiré. Malgré tant de difficultés, on peut dire avec certitude qu'ils obtinrent plus que leurs devanciers, tant il est vrai que cette grande Maison de Bourbon est inséparable de tout ce qui contribue à faire la France riche et heureuse, et que ces princes savent également protéger nos travaux en même temps que nous faire respecter au dehors.

Les données étaient à peu près réunies, lorsqu'une nouvelle révolution fit monter Louis-Philippe sur le trône. Ce prince eut le mérite de ne pas anéantir ce qui était commencé, il fit ajouter quelque moyennes et obtint ainsi un ensemble satisfaisant.

A cette époque la décoration du « mérite agricole » n'était pas inventée, mais l'on croyait à bon droit que pour faire la prospérité d'un pays, il vaut mieux des recherches sérieuses que d'inutiles promesses et des paroles qui ne servent à rien.

Et pourtant, dans un pays comme le nôtre où l'on semble décidé à ne plus rester vingt ans sans changer de direction politique, il arrive presque toujours que le pouvoir qui tente des améliorations, n'a pas le bénéfice de son initiative et que les esprits superficiels croient être justes en rendant à l'un ce qui est dû à l'autre.

Dans les questions économiques où l'on ne peut raisonner que sur des données d'ensemble, le public se trompe presque toujours, parce qu'il s'obstine à tirer des conclusions en s'appuyant sur des bases insuffisantes, et à croire que tout est sauvé ou bien que tout est perdu, lorsque pendant quelques mois s'est produit une période d'heur ou de malheur.....

Les traités de 1860 en sont la meilleure preuve : quel est l'industriel, quel est l'agriculteur qui n'a pas su bon gré à l'Empire de ces conventions qui sont la cause avérée de la crise actuelle ?

Malgré tout ce que l'on a pu dire, malgré les preuves tirées des tableaux officiels des douanes, n'entendons-nous pas répéter pour ainsi dire chaque jour que de 1860 à 1870 la France était au comble de la prospérité ? Sans doute, la France était riche, sans doute les transactions étaient actives, mais ce ne sont pas les traités qui en sont la cause, leur effet ne pouvait encore être produit ; c'est maintenant que l'on peut connaître les résultats de ces traités menteurs, c'est maintenant qu'il est possible d'apprécier leurs effets désastreux. La période de tranquillité dont on parle tant, est le résultat des encouragements donnés sous la Restauration et le règne de Louis-Philippe.

Pour nous rendre compte de ce qu'était la France agricole avant 1840, nous examinerons successivement les statistiques officielles et nous passerons en revue : les céréales ; — les cultures diverses ; — les animaux ; — la consommation.

Dans l'espoir d'obtenir plus d'exactitude, on a le plus souvent divisé la France en quatre régions, au moyen du méridien de Paris et du 47° parallèle.

Le département de la Loire-Inférieure qui nous occupe plus spécialement, s'est, par suite de cette division, trouvé compris dans une zone ordinairement désignée sous le nom de « Nord-Occidental ». — Les autres départements de la Bretagne et de la Normandie complètent cette zone.

Le Nord-Occidental [1] se compose de 12 millions 451,317 hectares, soit :

12,114,933 hectares de pays de plaine.
   336,384   —   —   montagne.
____
12,451,317

[1] *De l'agriculture en France,* d'après les documents officiels, par M. MOUNIER. — Paris, 1846.

La Loire-Inférieure a maintenant [1] :

324,042 hectares de terres labourées.
116,128   —   — prairies naturelles.
29,583   —   — vignes.
2,632   —   — cultures arborescentes.
89,101   —   — pâturages, landes, pâtis.
125,971   —   — forêts, étangs, chemins, ri-
vières.
10,098   —   — marais susceptibles d'être
desséchés.
____
697,555

Dans le Nord-Occidental on comptait en 1827 :

11,828,256 hectares imposables.
623,061   —   non imposables.
2,135,692 maisons imposables.
23,611   —   non imposables.

Ce qui porte le total de la contribution foncière en principal à 54,653,112 francs, en payant
trois francs quarante-six centimes par hectare et
trois francs soixante-quinze par maison.

[1] *Dictionnaire des Communes,* Joanne.

En 1835 il y avait dans cette même zone [1] :

1,300,133 cotes au-dessous de cinq francs.
  509,469 — entre cinq et dix fr.
  434,491 — entre dix et vingt fr.
  215,402 — entre vingt et trente fr.
  205,724 — entre trente et cinquante fr.
  175,995 — entre cinquante et cent fr.
  118,025 — entre cent et trois cents fr.
   22,807 — entre trois cents et cinq cents fr.
   14,684 — entre cinq cents et mille fr.
    6,831 — de mille fr. et au-dessus.

[1] On appelle cote foncière l'impôt que paye un propriétaire pour toutes les propriétés foncières qu'il possède dans une même commune.

RÉGION DU NORD-OCCIDENTAL

RÉCOLTE 1830	QUANTITÉ ENSEMENCÉE Hectares	QUANTITÉ DE SEMENCE HECTOLITRES		RENDEMENT EN HECTOLITRES	
		En tout	Par hectare	En tout	Par hectare
Froment	1.465.705	3.365.064	2.3o	21.960.498	14.98
Méteil	373.111	844.716	2.26	5.423.33o	14.54
Seigle	555.8o9	1.196.3o2	2.15	7.679.416	13.82
Orge	382.565	880.140	2.3o	6.059.276	15.84
Avoine	1.131.659	2.700.591	2.39	21.078.583	18.63
Maïs	16.639	6.347	0.39	232.798	13.99
	3.925.488	8.993.16o		62.433.901	

Pendant l'année 1815, pour toute la France,

[1] *Agriculture en France*, d'après les documents officiels, MOUNIER.

le rendement moyen fut de 8 hectolitres 59 à l'hectare.

En 1816, de	9 hectolitres	73
1826 »	12	—	18
1830 »	10	—	53
1832 »	15	—	52
1833 »	12	—	60
1834 »	11	—	68
1835 »	13	—	43

De 1819 à 1835 le poids moyen a été 76 kilos.

De 1736 à 1765 le prix moyen de l'hectol. était de Fr.	10	65
1766 à 1775 — —	15	93
1776 à 1785 — —	14	13
1786 à 1790 — —	17	17
-1816 à 1825 — —	20	94
* 1826 à 1835 — —	19	11

Le département de la Loire-Inférieure était naguère placé le 23e par ordre de fertilité. Année commune, le produit moyen disponible en froment est d'environ onze hectolitres et demi par hectare.

Dès l'année 1835 les céréales rapportaient environ 29,830,000 francs.

* Extrait des archives statistiques du ministère des travaux publics de l'agriculture et du commerce. — Année 1837.

En 1863, ce rapport s'élevait à 36,343,298 fr.
pour 324,042 hectares en culture.

Remarques.

Pendant les premières années de la Restauration, la Bretagne était épuisée par les longues
guerres de la République et de l'Empire, aussi
voyons-nous laisser inculte une grande partie des
terrains.

Ce n'est qu'au prix d'efforts longs et persévé-
rants qu'il fut possible de rendre à l'Ouest sa
fertilité première et de réorganiser un pays où
tout avait été détruit. C'est seulement vers 1835
que les habitants commencèrent sérieusement à
défricher.

De 1835 à 1863 la production moyenne par hectare ne varie pas sensiblement, La plus-value de
la production totale s'explique par l'étendue des
terres mises en culture, étendue qui a presque
doublé pendant cette période.

Cultures diverses.

L'enquête terminée en 1840 nous apprend que dans le nord-occidental, pour obtenir un rendement moyen, il est nécessaire d'employer une quantité de semences relativement considérable.

Le chanvre, le lin, le tabac produisent davantage que dans le midi ; que n'en est-il de même pour les châtaigneraies et la garance !

Cultures diverses du Nord-Occidental.

A la fin de 1863, le département de la Loire-Inférieure

ANNÉE 1835	QUANTITÉS CULTIVÉES Hectares	RENDEMENT		SEMENCES EMPLOYÉES		PRIX DES DENRÉES	RAPPORT Par hectare
		Total	Moyen	Total	Par hectare		
		Hectolitres	En hectolitres	Hectolitres	Hectolitres	Hectolitres	Fr. C.
Vignes	190.403	3.940.313	20,69			12 fr. 35	255 55
Vergers							
Pépinières	386.114	31.691					
Châtaigneraies		Quint. Métr.	Quint. Métr.				
Prairies naturelles	1.064.107	28.195.880	26,50				107 35
Prairies artificielles	631.150	18.716.751	29,65	10.936.021			124 55
Jachères	1.795.356						14 05
Pâtures	1.528.113						8 90
Pommes de terre	190.807	Hectolitres 24.510.985	Hectolitres 128,46	2.410.568	12,63	2 » 10	269 75
Sarrasin	439.876	5.992.896	13,63	373.640	0,85	7 » 60	103 60
Légumes secs	48.498	629.348	12,98	105.195	2,17	18 » 25	236 90
Jardins	131.953						436 70

Cultures diverses du Nord-Occidental (*Suite*).

ANNÉE 1835	QUANTITÉS CULTIVÉES	RENDEMENT		SEMENCES EMPLOYÉES		PRIX DES DENRÉES	RAPPORT Par hectare
		Total	Moyen	Total	Par hectare		
	Hectares	Hectolitres	Quint. Métr.	Hectolitres	Hectolitres	Hectolitres	Fr. c.
Betteraves	15.534	3.281.863	20,27	116.171	7.47	2 fr. 25	475 35
Colza	52.196	753.632	Hectolitres 14,44	6.418	0.12	20 » 40	294 60
Chanvre	54.714	a) 485.135 b) 19.920.561	a) 8,87 b) 364 kil.	145.550	2.66	a) 13 » 95 b) 0 » 85	433 15
Lin graines	47.650	355.141	7,45	127.146	2.67	19 » 40	554 85
Lin filasse		17.778.033	373 kil.	•		1 » 10	
Tabac	555	7.677	Quint. Métr. 13,83				820 80
Houblon	156	166.855	1071 kil.				1200 »
Autres cultures	38.653						
Bois de la Couronne	33.120						
Bois de l'État	177.787	Stères 852.613	Stères 4,80				31 90
Bois particuliers	1.113.911	4.713.222	4,23				28 15
Sol forestier	31.226						
		a) graines. b) filasse.				a) graines. b) filasse.	

avait 26.150.159 fr. rapportés par ses cultures diverses (1).
(1) Dictionnaire des communes. — Joanne.

Remarques.

La Loire-Inférieure a fait des progrès considérables pendant la période 1835-1860. La suppression progressive des jachères doit en être la principale raison.

« Les jachères, disait en 1840 le ministre dans son rapport, sont des terres destinées à la culture des céréales, mais qui dans l'ancien système de rotation, sont laissées en friche chaque troisième année ou plus longuement pour recouvrir par le repos leur première fécondité. Les herbes qui y croissent spontanément, les changent en pâturage pour le bétail et surtout les troupeaux ; c'est là l'état ordinaire des jachères, et l'on conçoit que la quantité de leurs produits ne peut être déterminée. La valeur en est fort minime, et l'on n'a pu la donner que par des estimations faites par arrondissement. Dans quelques parties de la France, on a substitué aux jachères des cultures alternes qui élèvent considérablement la valeur des produits lors même qu'elles sont temporaires et partielles, circonstances qui ont pour effet de leur laisser par continuation la dénomination de jachères. On reconnaîtra au revenu quintuplé ou décuplé de ces sortes de jachères, les départements où ces importants progrès ont eu lieu. »

Ce progrès dont parle le rapport ministériel a été amené par l'exemple des départements du nord de la France où les terrains avaient déjà, en 1840, une valeur considérable.

Tant qu'il y eut des landes à défricher, tant qu'on eut des terrains neufs à mettre en rapport, les agriculteurs songèrent uniquement à faire de la culture extensive, mais les gens sensés s'aper‑çurent vite que la qualité était souvent préférable à la trop grande quantité. C'est de ce moment que date la suppression progressive des jachères *telles qu'on les comprenait jadis* [1].

---

[1] Les principales forêts du département sont : celles du Gâvre, de la Bretesche, de Teillé, de Juigné, de Domenèche, de Larche, Vioreau, Ancenis, le Cellier.

Animaux (1).

RÉGION DU NORD–OCCIDENTAL

	NOMBRE D'ANIMAUX	VALÈUR de chaque ANIMAL	RAPPORT ANNUEL	
			de chaque ANIMAL	Total DES ANIMAUX
		Fr. C.	Fr. C.	Fr.
Taureaux	100.148	69 »	22 45	2.247.176
Bœufs	514.991	142 »	33 10	17.043.837
Vaches	1.957.126	89 »	43 35	85.802.770
Veaux	747.742	23 »	11 90	8.900.992
Bêliers	102.829	22 55	7 05	725.270
Moutons	2.569.432	16 65	6 05	16.403.302
Brebis	2.793.212	13 15	5 65	15.781.205
Agneaux	1.549.721	8 50	2 70	4.195.919
Porcs	1.115.239	35 »	16 65	18.574.853
Chèvres	100.777	7 85	4 05	409.829
Chevaux	521.945	173 »	122 »	63.316.386
Juments	510.621	135 »	90 90	46.414.388
Poulains	137.258	65 »	25 10	3.446.123
Mules	26.036	125 »	56 15	1.462.547
Anes	81.226	39 »	24 20	1.966.641

(1) Rapport officiel de 1839.

Remarques.

Le revenu moyen de chaque animal est proportionnellement plus élevé dans le nord où les espèces ont été améliorées [1].

Au siècle dernier, on négligeait complètement l'amélioration des races d'animaux. L'agriculteur s'attachait plus au nombre qu'à la qualité; cette manière de procéder était en rapport direct avec l'énorme quantité de landes, pâtures, jachères, etc., etc.

Les Anglais les premiers nous apprirent qu'en perfectionnant les races, en donnant une somme de soins plus grande à chaque tête de bétail, le rapport moyen se trouvait augmenté. Les premiers bœufs engraissés à l'étable se vendirent des prix énormes pour l'époque.

Avec l'ancien système, l'animal gagnait à peine 100 à 120 livres dans l'année; nous voyons [2] qu'en 1839, on obtint 150 livres dans l'espace de huit

[1] Rapport ministériel de 1839.
[2] *Idem.*

mois. Ces diverses modifications nous ont ame-
nés, en 1862, aux chiffres suivants [1] :

		Nombre
	Chevaux,	30.115
	Anes, mulets,	568
	Bêtes à cornes,	310.757
Loire-Inférieure	Bêtes à laine,	232.035
	Boucs, chèvres,	2.872
	Porcs,	79.979
	Ruches d'abeilles,	34.935

qui donnent un revenu brut de 29,485,803 fr. [2].

[1] *Dictionnaire des communes,* JOANNE.

[2] Il y a dans le département de la Loire-Inférieure deux fermes-écoles :

Grand-Jouan fondé en 1830, et Saint-Gildas en 1840.

Grand-Jouan a formé jusqu'à 410 élèves-agriculteurs. (Rapport sur les fermes-écoles, 1875.)

CONSOMMATION

Le Nord-Occidental consommait annuellement :

Céréales.

	CONSOMMÉES DANS LA RÉGION	DISPONIBLES
	Hectolitres	Hectolitres
Froment	18.521.791	18.595.434
Méteil	5.156.682	3.578.614
Seigle	5.988.243	6.483.054
Orge	4.267.003	5.177.136
Avoine	16.312.543	18.377.592
Maïs	166.292	226.451
	50.412.554	52.438.281

Vins . . . .   4.050.519 hectolitres.
Eaux de vie   440.887   —

Animaux abattus.

	NOMBRE	POIDS
		Kilos
Bœufs	221.952	56.460.811
Vaches	294.890	43.446.210
Veaux	956.049	28.419.368
Moutons	1.209.944	21.588.180
Brebis	295.647	4.261.889
Agneaux	113.546	929.738
Porcs	1.048.748	74.649.654
Chèvres	24.278	264.741
	4.165.054	230.020.591

Le prix moyen de la viande de bœuf était de 85 centimes le kilo et celle de vache 65 cent. Le veau sur pied se vendait parfois jusqu'à 1 franc.

Grâce à la sollicitude intelligente des Chambres et du Gouvernement, l'agriculture française a fait des recettes considérables de 1816 à 1826 [1] et pendant cette période la vie n'était pas devenue

[1] Rapport ministériel, année 1827.

beaucoup plus dispendieuse. De 1824 à 1840, alors que les salaires de l'industrie étaient *presque doublés*, « la viande de boucherie — prenant le bœuf pour type — n'avait augmenté que de 11 o/o[1]. »

[1] Guizot, ministre des affaires étrangères. — Séance du 31 mars 1845.

COMMERCE — INDUSTRIE

> « C'est par l'état du commerce inté-
> rieur que l'on peut juger de la ri-
> chesse d'une nation. »
>
> QUESNAY.

COMMERCE — INDUSTRIE

En 1788 la production industrielle pour toute la France s'élevait à 931,460,000 francs [1].

En 1812 on pouvait l'évaluer à 1,404,102,409 fr. répartis de la façon suivante :

416,000,000 de matières premières indigènes.
185,000,000   —   —   exotiques.

Le reste était pour la main d'œuvre, les dépenses générales, bénéfices de fabricants, etc., etc.

Il faut aussi déduire 416,000,000 empruntés par l'industrie à l'agriculture [2].

Si nous examinons au même point de vue la

---

[1] De Tolosan.
[2] Chaptal, *Industrie française.*

période 1825-1845, nous arrivons au chiffre de 4,160,000,000.

Pour la périonde 1860-1865 nous trouvons une somme de plus de 9,000,000,000; il est vrai que pour être agréable en haut lieu, certains écrivains de cette époque trouvent bon de porter sans aucun motif cette somme à 12,000,000,000 [1].

Ce fut l'apogée.

En 1874, M. Block trouve un résultat à peu près identique [2].

Les lin et chanvre, coton, laine, soie, tissus mélangés, etc., y figurent pour plus de 300,000,000.

Il est tout au moins singulier, de ne pas voir une augmentation plus considérable coïncider dans cette période avec l'organisation de nos chemins de fer.

Pourquoi donc prétendre que la richesse industrielle a tant augmenté avec les traités de commerce, puisque c'est, au contraire, de 1860 que datent l'état stationnaire d'abord, et la dégringolade actuelle ensuite?

Notre marine marchande, si florissante jadis, s'étiole et va succomber.

Les chantiers de construction de, Méans et de Paimbœuf ont beaucoup perdu de leur activité.

Il est juste de dire que dès l'année 1857 un

---

[1] *Protection et libre-échange*, par M. FAUCONNIER.
[2] *Statistique de la France*, tome II, page 247.

ralentissement marqué dans les constructions navales avait été déjà signalé par les statistiques.

En 1857, les chantiers de Méans et Painbœuf lançaient 85 navires.
  1859,   »   »   »   26   »
  1858,   »   .   »   »   43   »
  1860,   »   »   »   27   »
  1861, (premier semestre) [1]   »   13   »

Il paraît que dans les conditions actuelles, notre marine ne peut lutter avec celle des autres nations, nous n'en voulons pour préuve que la pétition des armateurs de Nantes au ministre de l'agriculture [2].

[1] *Dictionnaire des communes*, JOANNE.

[2] Dans la séance du Corps législatif du 3 février, M. Thoinnet de la Turmelière, député de la Loire-Inférieure, a donné lecture d'une lettre de la chambre du commerce de Nantes, de laquelle il a dû ressortir pour le Corps législatif, par conséquent pour ceux de ses membres qui sont chargés de procéder à l'enquête sur la marine marchande, que des armateurs de la place de Nantes, dont la chambre de commerce est la représentation, acceptent la lutte contre les marines étrangères dans les conditions qui leur sont faites actuellement, sous la simple réserve de la réforme de quelques abus administratifs qui entravent et grèvent leurs opérations.

« Nous soussignés, armateurs de 326 navires jaugeant 80,000 tonneaux, déclarons être d'un avis contraire à celui émis par la chambre de commerce de Nantes, — tout en reconnaissant l'utilité des réformes demandées par la chambre de commerce, nous ne voyons dans le retrait de ces formalités administratives qu'un faible palliatif à nos souffrances, mais non de nature à changer la triste situation faite à la marine marchande par la législation existant aujourd'hui, et à nous permettre même avec toute la liberté et toute l'indépendance possible de continuer nos opérations.

« Nous venons donc, Monsieur le ministre, solliciter d'être entendus dans l'enquête qui va s'ouvrir; nous espérons y démontrer que *la marine marchande a besoin d'être protégée,* comme le sont encore toutes les industries quelconques, en France, dans une mesure toutefois raisonnable et proportionnée à nos besoins.

« Et dès ici nous *protestons contre* les traités de commerce qui ient et engagent les intérêts du pays pendant un temps déterminé, et ne comprenons pas que la France puisse s'engager et perdre ainsi la *liberté* d'agir, de changer ou modifier ses tarifs quand bon lui semble et conformément aux circonstances et suivant la nécessité du moment.

« Nous demandons également le retrait de la loi du 19 mai 1866, qui nous livre à la concurrence que nous considérons comme impossible par des motifs que nous demandons à développer devant MM. les membres du Corps législatif chargés de l'enquête. Dans l'espoir qu'il sera fait droit à notre demande, nous vous prions......... » Suivent les signatures.

RENSEIGNEMENTS

SUR LE DÉPARTEMENT DE LA LOIRE-INFÉRIEURE

Sol généralement formé de roches granitiques (pierres de grain ou grisons), de pierres schisteuses, de dépôts calcaires en petit nombre (pierres à chaux ou coquilles fossiles), de terres d'alluvion ou dépôts charriés surtout par la Loire [1].

Produits minéraux.

Minerai de fer sur une assez grande étendue, mais principalement dans le nord du département.

Minerai d'alluvion à Larches et à la Chaussée.

Minerai en couche à Rougé.

[1] *Dictionnaire des Communes,* JOANNE.

Gisements de houille et d'anthracite sur plu-
sieurs points.

Aimant à l'embouchure de la Loire sur la
rive droite à la surface du sol. Gîte d'étain à
Piriac, sur la côte de Penhareng.

Filon de plomb sulfuré à Crossac.

Pierres à chaux.

Tourbe dans les marais de Donges.

Marais salants sur presque tout le littoral.

L'industrie comprend [1] :

Des fabriques et filatures de coton, raffineries
de sucre, tanneries, fabriques de produits chi-
miques, verreries, chandelleries, poteries, chantiers de construction, fonderies, fabriques de
conserves.

Forges de la Hunaudière, de Moisdon, de la
Jahotière, de la Provôtière.

La plupart de ces forges, n'ayant pu lutter
avec les produits anglais, ont été fermées.

Nous nous servirons de l'enquête industrielle
faite en 1873 pour nous rendre compte de l'état
des industries dans notre département [2].

[1] *Dictionnaire des Communes*, JOANNE.
[2] *Statistique des industries françaises*. — 31 décembre 1873,
Imprimerie nationale.

On compte :

Quatre établissements (*anthracite et lignite*) occupant 201 hommes et 52 enfants produisant 236,000 Q^x m. à 1 fr. 90.......... 448,000 fr.

Tourbe. — 40 hommes, 170 femmes et 20 enfants, produisant 210,000 Q^x m. à 1 fr. 30. 273,000 fr.

Fonte moulée de première fusion. — Huit établissements occupant 200 hommes et 20 enfants, produisant 18,000 Q^x m. à 35 fr... 630.000 fr.

Fer-marchand et rail. — Un établissement occupant 400 ouvriers et 60 enfants, produisant 76,000 Q^x m. à 33 fr........... 2,508,000 fr.

Plomb. — Un établissement occupant 80 hommes et 4 enfants, produisant 21,000 Q^x m. à 50 fr. = 1,050,000 francs, plus 10 Q^x m. d'argent à 22,000 fr. l'un = 220,000 fr.; en tout 1,270,000 fr.

Verre et cristaux. — Un établissement occupant 70 hommes et 10 enfants, produisant 1,110,000 bouteilles à 18 fr. le cent........ 199,800 fr.

Papier et carton. — Un établissement occupant 10 hommes et 8 enfants, produisant 12,000 Q^x à 33 fr........................... 396,000 fr.

Usines à gaz. — Quatre établissements occupant 220 hommes et 4 enfants, produisant 5,600,000 mètres cubes à 35 cent. = 1,960,000 fr.

plus 128,000 Q^x de coke à 5 fr. = 640,000 fr.,
plus 15,000 Q^x de goudron à 7 fr. = 105,000 fr.,
en tout........................ 2,705,000 fr.

Fabriques de bougie. — Quatre établissements occupant 21 hommes et 18 femmes, produisant 2,000 Q^x à 230 fr................ 460,000 fr.

Fabriques de savon. — Deux établissements occupant 131 hommes, produisant 40,000 Q^x à 72 fr. 50..................... 2,943,500 fr.

Raffineries de sucre. — Huit établissements occupant 1,087 hommes, 57 femmes et 25 enfants, produisant 580,000 Q^x à 155 fr. 89,900,000 fr.

Mélasse. — Un établissement occupant 105 hommes, produisant 80,000 quintaux à 30 fr..................... 2,400,000 fr.

Coton. — Quatre établissements (filature et tissage) occupant 63 hommes, 72 femmes et 34 enfants.

Laine. — Trois établissements (filature et tissage) occupant 91 hommes, 200 femmes et 33 enfants.

Lin, chanvre et jute. — Deux établissements occupant 81 hommes, 290 femmes et 53 enfants.

CONCLUSION

« Sous le prétexte de libre-échange, le vrai but de cette conspiration, car c'en était bien une, était simplement de mettre à mort, pour le profit de la haute aristocratie industrielle et commerçante, les classes inférieures et moyennes de l'industrie et du commerce[1]. »

La République n'a pas su profiter de vingt années d'expérience, elle a imité les errements de l'Empire en les aggravant du poids de ses incapacités.

En réclamant qu'on donne à la France des tarifs nationaux et que dans ces tarifs les intérêts de l'agriculture et de l'industrie soient placés sur

---

[1] *Les assemblées parlantes*, LEVERDAYS. — Paris 1883.

un pied d'égalité, nous avions compté sans l'in-
justice de la majorité; tout le monde connaît
« le caractère du tarif inauguré par les chambres
républicaines. Ce tarif à double face, *librement
échangiste quand il s'agit de l'agriculture, pro-
tectionniste quand il s'agit de l'industrie,* a pour
les agriculteurs deux résultats : il les livre sur
le marché national à la concurrence étrangère
et déprécie les prix de vente des denrées qu'ils
produisent; il rehausse sur le marché intérieur
les prix d'achat des objets à leur usage... [1] »

« Le droit protecteur inscrit au profit de l'industrie dans le tarif général représente, au contraire, dix à vingt pour cent de la valeur de ses
produits [2]. »

Il y a quelques semaines, dans une réunion
agricole, M. Estancelin a jugé bon de mettre en
lumière ces criantes injustices; le ministre a sup-
primé aussitôt la subvention donnée jusqu'alors
au comice-objet d'un tel scandale.

Est-ce donc notre faute, si la République ruine
la France?

Ne payons-nous pas les impôts que vous faites
voter par vos assemblées dociles? Vous êtes les
plus forts, vous en profitez — soit! — mais

---

[1] *La crise agricole. — Le trésor de la Roque,* 1883.

[2] *L'agriculture et la fiscalité républicaine.* ASTIER, journal *le
Pays.* 28 juillet 1883.

ne croyez pas que nous garderons le silence sur vos agissements! Pour flatter les passions populaires, vous avez eu recours à des mesures anti-économiques! Aduler un pays n'est pas le servir!

Par votre faute[1] la nation anémiée s'en va dépérissant et

LA FRANCE SE MEURT !

Au cas où il se serait glissé une erreur dans les chiffres de ce travail, la faction économique dont M. Tirard est le chef autorisé, n'aurait guère qualité pour en faire des reproches.

Quelle que soit cette erreur, je doute qu'elle soit de cent millions.

[1] *Les assemblées parlantes*, LEVERDAYS. — Paris 1883.

PARIS. — IMP. DE L'ŒUVRE DE SAINT-PAUL, L. PHILIPONA

51, RUE DE LILLE, 51

www.ingramcontent.com/pod-product-compliance
Ingram Content Group UK Ltd.
Pitfield, Milton Keynes, MK11 3LW, UK
UKHW021134140726
13695UKWH00004B/1879